무슬림의 세계관

무슬림은 무엇을 믿는가?

돈 맥커리 지음 | 주지현 옮김

예수전도단

KIP
JOHNSON
KIP

무슬림은 무엇을 믿는가?

: 무슬림의 세계관

종교로서의 이슬람 개관

이슬람은 무함마드가 창시한 종교이며, 아라비아반도에서 시작되었다. 무함마드는 서기 570년에 메카에서 태어났다. 나이 40세이던 610년부터 사망한 해인 632년까지 22년 동안 특별한 환상을 체험했다.

무함마드는 유일신 신봉자가 거의 없는 우상숭배 부족에 속한 사람이었다. 이 종족 사람들은 유대인도 아니고 기독교인도 아니지만, 자신들의 뿌리를 아브라함에게서 시작한 이스마엘의 계보에 두었다.

무함마드는 3년 동안 '환상'을 비밀스레 간직하다가 어느 날부터 자신이 들은 내용을 사람들 앞에 낭송하기 시작했다. 이 낭송문은 사람들에게 우상숭배에서 떠나 단 한 분인 진정한 하나님을 믿으라는 내용이었다. 그러면서 무함마드는 다른 여러 종교의 의무와 의식에 관해 알아보았으며 이 의식들은 훗날 이슬람 의식의 상당 부분을 차지하게 되었다.

무함마드는 또한 윤리적인 주제에 대해 설파했다. 고아와 과부 돌보기, 가난한 사람 돌보기, 정직하게 사업하기, 딸이 태어나도 죽이지 않기, 이혼과 성적 순결과 결혼에 관한 법 등이 그것이다(무함마드는 아내를 4명만 둘 수 있게 했는데, 이렇게 한 것은 당시 아랍 세계의 관행을 개선하기 위해서다).

새로운 가르침을 설파한 지 6년이 지나자(613-619) 부유층이 무함마드의 가르침에 반발하기 시작했다. 메카에서 우상 무역으로 생계를 유지하던 부유한 상인들이 이 가르침 때문에 위협받게 된 것이다.

622년, 생명의 위협을 느낀 무함마드는 그해 여름에 아랍 부족들의 초청을 받아 메디나로 이주했다.

이슬람이 공식적으로 시작된 시기는 무함마드가 스스로 자신을 선지자라 칭하며 정치적 권력을 얻기 시작한 622년이다. 무함마드를 믿는 사람들은 '무슬림'이라고 불렸다. '무슬림'이란 '복종한' 사람을 뜻하는 말이다. 즉, 무슬림이란 무함마드와 그가 말하는 하나님께 복종한 사람을 의미한다.

622년부터 사망한 632년까지 10년 동안 무함마드는 추종자들에게 행정적, 정치적, 종교적인 가르침을 남겼다. 그리고 사후에, 그가 가르쳤던 내용을 모아 책으로 만든 것이 바로 꾸란이다. '꾸란'은 낭송문, 독경(讀經)을 의미한다.

꾸란 외에 입으로 내려오는 전통을 순나(Sunnah), '길,' '살아 있는 전통'이라고 한다. 그리고 얼마 지나지 않아 '살아 있는 전통'은 하디스(Hadith)라는 여러 책으로 만들어졌다. 하디스에는 무함마드의 언행이 7,000가지 조금 넘게 수록되어 있다. 꾸란은 신약성경의 2/3분량이고, 114개 장으로 나뉘어 있다.

١ بِسْمِ اللهِ الرَّحْمٰنِ الرَّحِيمِ
٢ الْحَمْدُ لِلّٰهِ رَبِّ الْعَالَمِينَ
٣ الرَّحْمٰنِ الرَّحِيمِ
٤ مَالِكِ يَوْمِ الدِّينِ
٥ إِيَّاكَ نَعْبُدُ وَإِيَّاكَ نَسْتَعِينُ
٦ اهْدِنَا الصِّرَاطَ الْمُسْتَقِيمَ
٧ صِرَاطَ الَّذِينَ أَنْعَمْتَ عَلَيْهِمْ
غَيْرِ الْمَغْضُوبِ عَلَيْهِمْ وَلَا الضَّالِّينَ

무슬림의 신앙과 종교적 의무

무함마드의 가르침과 삶에서 정교일치의 운동이 태동했다(이슬람은 정치와 종교를 구분하지 않는다). 종교적으로 볼 때 이슬람의 본질은 신앙(이만)과 의무(디만)라는 두 가지 범주로 나뉜다. 실제로 신앙의 범주에 속하는 항목이 수백 개에 달하고, 의무의 범주에 속하는 항목은 수천 개나 된다. 하지만 실제적으로 지킬 수 있게 하려고 다음 6가지로 요약했다. 6가지 신앙 체계는 이슬람이 다른 종교와 다른 점을 잘 보여 준다.

이슬람의 신앙 체계(Iman, 이만)

1. 하나님은 오직 한 분만 계신다. 하나님에게 협력자란 없다(삼위일체란 없다). 하

나님은 자식을 낳을 수 없다(인간과 다른 존재이기 때문이다. 따라서 하나님에게는 아들이 있을 수 없다). 세상에서 일어나는 모든 일은 온전히 하나님의 주권 아래에 있다(악을 만드신 분도 하나님이라는 논리).

2. **하나님이 천사를 만드셨다.** 어느 곳에나 천사가 존재한다. 인간의 오른쪽 어깨에 앉아서 그 사람의 선한 일을 기록하는 천사가 있고, 왼쪽 어깨에 앉아서 나쁜 일을 기록하는 천사도 있다. 심판 날에는 그 기록을 펼쳐서 그 내용에 따라 상을 받거나 벌을 받는다. 사탄은 본래 천사였다. 아담을 경배하는 일을 거부하며 하나님의 뜻을 어겼기 때문에 진(악령)이 되었다. 진은 불에서 만들어진 초자연적 존재 중 하나이며, 인간을 지배할 수 있다.
3. **하나님은 각 시대마다 선지자를 세우셨다.** 선지자의 계보는 아담에서부터 시작한다. 성경에 나오는 인물인 노아, 아브라함, 이스마엘, 이삭, 야곱, 요셉, 다윗, 솔로몬, 요나, 스가랴(세례 요한의 아버지), 세례 요한, 예수와 성경에 나오지 않는 아라비아의 선지자들도 여기에 속하며, 이 계보의 가장 마지막은 무함마드이다. 이러한 흐름에서 예수는 한 명의 선지자일 뿐이다. 그리고 무함마드는 가장 위대한 최후의 선지자요, '선지자의 봉인'(Seal of Prophet)이다.
4. **성스러운 책.** 선지자에게는 하나님이 성스러운 책을 주셨다. 무슬림들은 아담부터 무함마드까지 최대 124,000명의 선지자가 있었다고 본다. 성스러운 책은 일부는 소실되었고, 모세가 받은 토라(율법서), 다윗이 받은 자부르(시편), 예수가 받은 인질(복음서), 무함마드가 받은 꾸란(독경)만이 남았다고 한다. 무함마드는 성스러운 책이 이미 완성된 책으로 존재하였다가 필요할 때마다 각 선지자들에게 전해졌다고 믿었다. 오늘날 무슬림들도 동일하게 믿는다.

5. **심판의 날.** 하나님은 '운명의 날'에 온 세상을 심판할 것이다. 또 모든 사람의 선한 행위와 악한 행위를 비교하여 저울할 것이다. 악한 행위에 비해 선한 행위를 더 많이 한 사람은 놀랍고 아름다운 천국의 정원과 과실나무, 시냇물과 포도주가 흐르는 강, 까만 눈동자를 지닌 처녀들을 보상으로 받을 것이다. 악한 행위를 더 많이 한 사람들은 불타는 지옥을 받는다.
6. **하나님의 섭리.** 모든 일은 하나님의 주권으로 결정된다. 하나님은 악한 일을 비롯해 세상만사를 움직이는 분이다. 또 하나님은 순전히 그분의 뜻에 따라 거짓된 길로 이끄는 사람도 있고, 올바른 길로 인도하는 사람도 있다. 그분의 섭리를 거스를 수 있는 사람은 아무도 없다.

이슬람의 의무(딘 Din)

1. **신앙고백**(샤하다 Shahadah) "하나님 외에 다른 신은 없으며 무함마드는 하나님의 선지자다." 진심으로 이 말을 하면 무슬림이 된다. 자신의 믿음을 공포하고 나서 변심하면 죽음을 당한다.

2. **기도**(살라트 Salat) 독실한 무슬림은 하루 다섯 번 기도해야 한다. 새벽에 한 번, 정오에 한 번, 오후에 한 번, 일몰 때 한 번, 해가 지고 잠자기 전에 한 번이다. 무함마드가 가르치고 직접 시범을 보인 것처럼 반드시 아랍어로 기도문을 외워야 한다.
3. **자선**(자카트 Zakat) 수입의 1/40을 가난한 사람이나 종교 사업에 바치는 것은 의무다. 자발적인 구제(사다카트 Sadaqat)도 권장한다.
4. **금식**(사움 Sawm) 라마단 월력에 행해야 한다. 매년 11일씩 빨라진다. 완전한 금식은 아니다. 아침에 동이 트고 나서부터 해지기 전까지 음식을 입에 대지 않는다. 해가 지고 다시 뜨기 전에는 마음껏 먹어도 된다. 라마단 기간에는 밤마다 꾸란의 1/30을 읽으며 공부해야 한다.
5. **메카순례**(하지 Hajj) 여유 있고 건강한 사람이라면 일생에 한 번은 반드시 메카를 순례해야 한다. 메카에 가서 '하나님의 집'(카바) 주위를 걸으며 일곱 바퀴를 돌고, 악마에게 돌을 던지고 나서 '아브라함의 장소'로 가서 기도문을 외운 뒤 '잠잠 샘'(하갈과 이스마엘을 기념하는 곳)에서 물을 마신다. 그러고서 또 다른 여러 과정을 거친다.
6. **하나님의 길을 위한 항쟁**(성전, 지하드 Jihad) 서구에 있는 무슬림들은 지하드가 의무는 아니라고 말하지만 꾸란에서는 이를 가르치고 있고 무함마드도 직접 본을 보였다. 이후 지금까지 무슬림들은 그 명령을 따르고 있다. 이슬람의 궁극적 목표는 펜, 혀, 손, 매체, 그리고 필요하다면 무기 등 어떤 수단을 사용해서라도 전세계에 이슬람을 전파하는 일이다. 이슬람은 '올바른' 종교이고 무함마드는 '가장 위대한 최후의 선지자'이므로, 무함마드가 가르친 대로 모든 무슬림은 전세계 사람들이 이슬람을 믿을 때까지 지하드에 참여해야 할 의무가 있다.

The Caleb project

다양한 이슬람 종파

이슬람에는 다양한 종파가 있다. 누가 무함마드의 후계자가 될 것인지 논의가 일어나면서 여러 종파로 갈라지기 시작했다. 후계자를 민주적으로 선출한 지도자를 세울 것인지, 무함마드 일가의 후손을 세울 것인지가 논의의 쟁점이었다.

순니파: 꾸란과 순나(무함마드의 행적을 기록한 책)에서 따온 이름으로, 순니파는 민주적 선출 방식을 선택했다. 순니파는 기록 책인 꾸란과 하디스(무함마드에 관한 전승을 기록한 책)를 최고 권위로 삼는다. 순니파는 생활의 모든 면을 관장하는 샤리아 법을 따른다.

시아파('시아'란 당, 분파를 의미): 무함마드의 조카이자 사위인 알리와 그의 후손만이 적법한 후계자라고 믿는다. 최고 권위를 이맘에게 부여했으나, 무함마드 계보가 단절되고 나서 현재는 아야톨라에게 부여한다. 이들은 무함마드부터 고(故)아야톨라 호메이니에 이르기까지 모든 지도자에게 범상한 빛이 감돌았다고 믿는다. 또 시아파는 항거 운동을 일으키고 순교를 최고의 영광으로 여긴다. 그리고 그들의 영웅(알리의 아들 후세인)이 죽은 뒤 자신들을 위해 중보하고 있다고 믿는다. 시아파에게 살아 있는 지도자, 아야톨라의 말은 곧 법이다.

수피파(신비주의): 하나님과의 직접적 교감을 바라는 이들이다. 법을 굳이 거부하지는 않지만 딱딱하고 메마른 법만으로는

생활할 수 없다고 생각한다. '하나님과의 합일'을 이룰 수 있게 훈련하는 학교도 세웠다. 수피파는 종교적인 음악과 시를 좋아하고 춤도 춘다. 또 사회의 다양한 방면에서 활동한다. 수피파는 일반 사람도 종교적 체험을 할 수 있게 했다. 예배는 자국어로 드린다. 무아지경의 경험을 기준으로 삼는다.

민속 무슬림: 무슬림이 아닌 사람들이 사용하는 넓은 개념의 용어로, 이슬람이란 이름으로 그 지역의 정령을 숭배하는 전세계의 무슬림들을 통칭한다. 이들은 천사나 악마, 악령, 사탄이 어느 곳에서 존재한다고 믿는다. 이러한 존재들을 잘 달래거나 막고, 악을 쫓거나 불러들이는 매개로 사용하는 것이 목표다. 민속 무슬림을 구분하는 기준이 딱히 있는 건 아니지만, 사는 장소에 상관없이 그 지역의 종교 행위를 하는 사람이 여기에 속한다.

세속적인 무슬림: 7세기 아랍 신앙을 20세기 서양 문화와 타협한 사람들이

다. 스스로 무슬림이라고 여기긴 하지만, 이 부류의 사람들은 서구 세계의 발전은 무함마드가 꾸란에서 이미 예견한 바라고 주장하는 사람부터, 사회주의 이론에 따라 무슬림 세계를 개혁하자고 말하는 사회주의자(무슬림 현 지도자들이 혐오하는 이들이다)까지 그 범위가 다양하다.

아흐마디야(Ahmadis)**파:** 19세기 말에 순수 이슬람을 회복하고자 부름받은 선지자라고 자처한 미르자 굴람 아흐마드(Mirza Ghulam Ahmad)의 이름을 딴 종파다. 아흐마드는 자신이 그리스도의 화신이며, 심지어 인도의 신 크리슈나라고 주장했다. 아흐마디파야는 사실 무슬림이라기보다 적그리스도 성격이 강하다. 수적으로는 적지만 중동을 제외한 모든 이슬람 국가에 이 종파의 사람들이 포진하고 있다. 이들은 여러 종교, 특히 기독교와 논쟁하는 데 매우 강하다.

이슬람 과격분자(Islamic Militants)**:** 현대 무슬림 지도자들의 부추김으로 무슬림 세계 안에 일어나는 군사적 행동을 포괄적으로 설명하는 용어다. 이슬람 과격분자들은 이슬람을 7세기 모습으로 되돌리기를 원한다. 즉, 자기 나라에 샤리아 법을 견고히 세운고, 이 법이 전세계로 확장되기를 원하는 것이다. 이 종파는 특정 국가에만 있는 종파가 아니며, 사고방식이 비슷하고 서로 충돌하지 않으려고 한다. 여러 지역에서 자연발생적으로 형성되는 부류이며 이슬람이 전세계를 장악하기를 바란다.

흑인 무슬림: 미국에서 일어난 사회적 갈등 때문에 발생했다. 이들은 하나님이 흑인이며 백인은 마귀라고 규정한다. 이 운동은 1913년에 티머시 드루(Timothy Drew)가 시작했다. 현재는 루이스 패러칸(Louis Farrakahn)이 인도하고 있다. 이들은 성경을 극단적으로 해석하며 아마겟돈 전쟁은 미국에서, 흑인과 백인 사이에 일어날 전쟁이라고 믿는다.

민족 간의 분쟁

이슬람은 절대 동질 집단이 아니다. 리처드 V. 위크스(Richard V. Weeks)의 연구에 따르면 무슬림은 408개의 서로 다른 언어 집단으로 이루어져 있다고 한다(《무슬림들》[Muslim Peoples], 1984). 하나의 종족 집단으로 구성된 무슬림 국가는 소수다. 그나마 방글라데시의 경우 벵갈 종족이 82%를 차지한다. 세계 최대의 무슬림 국가인 인도네시아는 최소한 40개의 종족 집단으로 구성되었으며, 이는 다시 수백 개 종족으로 구분된다.

파키스탄, 아프가니스탄, 수단, 소말리아의 경우 민족적 분쟁이 국가 분열을 초래할 만큼 위협적이다. 중앙아시아의 우즈베크 종족과 키르기스 종족, 우즈베크 종족과 타지크 종족 간의 갈등이 또 다른 예다. 분명히 해둘 것은 이러한 민족적, 종족적 충돌이 단순한 민족적 차이가 아닌 경제적 불평등에서 왔다는 사실이다.

무슬림 세계의 정치적 갈등

현재까지 무슬림 세계에서 일어난 가장 격렬한 분쟁은 이스라엘과 팔레스타인 사이에 일어난 전쟁이다. 이슬람은 정치적 성향이 강한 종교이므로, 무슬림들은 모든 무슬림이 이스라엘과 최대 지원국 미국에 대항하여 힘을 모으기를 기대한다.

인도와 파키스탄은 카시미르 국경 문제로 세 차례의 전쟁을 벌였다.

사실 무슬림들이 이슬람 국가가 아닌 곳에서 생활하기는 쉽지 않다. 무슬림에게는 이슬람 법에 따라 살아야 할 의무가 있는데 그 법을 지키기가 어려워지기 때문이다. 필리핀 남부에서 거의 400년 동안 자치권을 주장하며 전쟁을 벌였던 일이 적절한 예이다.

1990년 이라크와 이란 사이에 일어난 전쟁이 종식되었는데, 이라크가 다시 쿠웨이트를 침공하여 이슬람의 이미지에 막대한 손상을 입혔다. 다시 전쟁이 시작되지는 않을까 다들 촉각을 곤두세웠다. 아무도 평화로울 것이라고 생각할 수 없었다. 또 이란과 이라크 모두 국가의 실리 때문에 국경 지대에 살며 자치권을 주장하는 쿠르드 종족에게 번갈아 가며 총부리를 겨눈다. 쿠르드족 문제는 나라 없는 민족이 겪는 수모를 잘 보여 준다. 이들은 이란과 이라크, 시리아, 터키, 아제르바이잔 등 5개국 국경과 맞닿은 곳에서 살아간다.

20세기 초에는 아르메니아인을 대상으로 터키인이 집단 학살을 자행한 일도 있었다. 그 후에 아제르바이잔계 터키인과 아르메니아인 사이에 잔학한 살상이 일어나 두 국가 사이의 해묵은 갈등이 드러났다.

)08 30 Days International

수단의 내전은 북부 무슬림들이 남부 무슬림이 아닌 사람들을 대상으로 샤리아 법을 제정하려는 시도 때문에 일어났다. 잠시 휴전 상태에 있는 듯하다가 다시 발발하였다. 이 전쟁은 지금까지 무려 20년 넘게 계속되었다.

아프리카의 국가 에리트레아의 무슬림들은 에티오피아 정부에 대항하여 폭동을 일으켰다(에리트레아는 1952-1993년에 에티오피아의 지배를 받음-역주). 에티오피아는 소말리아에 있는 티그레 민족과도 교전을 벌였으며, 이후 소말리에서는 종족 간 전쟁이 일어났다.

사하라 이남의 차드에서도 두 번의 내전이 있었다. 첫 번째 내전은 무슬림과 기독교인의 전쟁이었으며, 두 번째는 무슬림들끼리의 전쟁이었다. 리비아의 카다피 대통령이 여기에 개입하였다.

알제리는 나라 전체에 이슬람 법을 제정하려는 소수 무장 무슬림들의 위협을 받고 있다.

시리아는 내부 폭동으로 인해 수천 명이 사망했다.

1971년 12월, 파키스탄은 서부 파키스탄의 펀잡족과 동부 파키스탄의 벵갈족(현재의 방글라데시)의 종족 전쟁으로 나라가 갈라졌다. 무슬림 사이에서 일어난 전쟁이었다. 이런 비극적인 전쟁의 결과로 방글라데시가 탄생했다. 그러나 전쟁으로 말미암은 상처는 영원히 회복되지 않을 것이다.

가장 끔찍한 사건은 한때 아름답기로 유명했던 레바논 사태일 것이다. 처음에는 여러 무슬림의 집단 간 분쟁으로 시작했다가 이스라엘과 레바논 무슬림의 분쟁으로 격화되었다. 그러다 무슬림과 기독교인 간의 전쟁으로 불거져서, 결국 기독교인들 간 전쟁으로 비화했다.

그밖에도 무슬림 원리주의자들이 이란과 수단, 사우디아라비아, 아프가니스탄에서 권력을 잡은 사건을 들 수 있다. 비교적 온건한 자세를 취하던 파키스탄, 방글라데시, 말레이시아의 정부가 샤리아 법을 제정하라는 압력에 굴복하고 말았다. 알제리와 이집트에서는 원리주의자들이 선거를 통해, 폭력 행위를 함으로 나라를 전복하려는 위협을 가하기도 했다.

최근 이슬람 테러리스트들이 미국을 공격하면서, 미국과 여러 나라들이 세계 곳곳의 테러를 뿌리 뽑기 위해 연대하고 있다.

이렇듯 가족과 집을 잃고 경제적 손실을 입고, 난민 생활을 하고 가난에 허덕이는 전쟁 후유증을 겪으면서 많은 무슬림이 마음속에 품고 있던 이슬람에 대한 확신이 흔들리게 됐다는 사실에 주목하자. 서구 세계가 경제적, 정치적 이유로 몰려드는 무슬림 난민을 받아들이면서, 무슬림들은 전체주의적이고 종교적 자유가 없는 정부의 지배에서 벗어나, 전에 없던 자유를 만끽하게 되었다.

복음에 마음의 문을 열기 시작하다

자국에 남아 있으면서 이슬람에 환멸을 느낀 무슬림들이 복음을 더욱 받아들이게 되었다. 나는 무슬림 여러 지역에 사는 친구들을 만나면서 이러한 이야기를 많이 들었다. "레바논으로 오세요. 준비된 사람들이 많답니다." "지금 이라크는 추수 때입니다." "이란의 무슬림들이 그리스도께로 돌아오고 있어요. 교회마다 기독교에 대해 알고 싶어 하는 무슬림들이 가득합니다." "수단 북부 지역 무슬림들이 복음에 대해 아주 수용적입니다." "알제리에 있는 베르베르족의 많은 수가 주님께 돌아오고 있습니다." "중앙아시아와 중국에 있는 무슬림들이 주님께 돌아오고 있습니다." "인도네시아에는 놀랄 만큼 많은 사람들이 주님께 돌아오고 있습니다." 아프가니

© The Caleb proj

스탄, 파키스탄, 방글라데시에서도 동일한 소식이 들려온다. 지금까지 무슬림 선교 역사상, 오늘날처럼 무슬림 세계 전체가 복음을 받아들이려는 태도를 보인 시기가 없었다. 이렇게 복음이 활발하게 전파되면 될수록, 일부 무슬림 지역의 과격분자들은 더욱 폭력적으로 변할 수 있다. 이미 몇몇 국가에서는 많은 이들이 순교당했다.

한마디로 말해, 무슬림 세계의 여러 지역은 이미 '추수의 시기'를 맞이했다. 예수께서 하신 말씀은 그때나 지금이나 옳다.

> 추수할 것은 많되 일꾼이 적으니 그러므로 추수하는 주인에게 청하여 추수할 일꾼들을 보내 주소서 하라(마 9:37-38).

무슬림 세계의 영적 추수 준비하기

중보기도

무슬림 세계의 추수를 준비하려면 시작부터 마치는 순간까지 반드시 중보기도를 기본으로 삼아야 한다. 가장 먼저 주인이신 하나님께 일꾼을 보내 달라고 기도해야 한다. 무슬림들이 주님께 돌아오게 해 달라고 기도하고, 무슬림 통치자와 그가 다스리는 사람들을 위해 기도하라. 기독교 사역자들이 효과적으로 사역할 수 있도록 기도하고, 이슬람의 사슬에 얽매인 무슬림들을 자유롭게 풀어 달라고 기도해야 한다.

무슬림을 향한 태도

무슬림 세계의 추수를 막는 가장 큰 장애물은 바로 기독교 사역자들 마음속에 있는 부정적 생각과 불신앙이다. 디모데전서 2장 4절을 보면 하나님은 모든 사람이 구원받고 진리를 아는 지식에 이르기를 원하신다고 나와 있다. 베드로후서 3장 9절에는 하나님이 누구도 멸망하지 않고 회개에 이르게 되기를 바라신다고 나와 있다. 우리는 어떤 것보다 이 말씀이 더욱 이루어지기를 기대해야 한다.

문화적 갈등

중국인이 말레이 사람에게, 한국인이 방글라데시 사람에게, 필리핀 사람이 아랍인에게 복음을 전한다고 생각해 보자. 기독교 사역자 중에는 자신의 문화적 방법을 고수하려 드는 사람이 있다. 우리가 할 일은 단순히 그 지역 무슬림들의 언어를 배우는 것 이상이다. 즉, 얻고자 하는 그 민족의 문화를 잘 알아야 하는 것이다. 만일 동일 문화권에서 자바 그리스도인이 자바 무슬림들에게 복음을 전하는 상황이라면 전혀 문제가 되지 않는다. 하지만 아시아인이 자바인들에게 복음을 전할 때는 반드시 문화적 충돌이 일어날 것이다. 바울이 한 말을 기억하자. "유대인들에게 내가 유대인과 같이 된 것은 유대인들을 얻고자 함이요…아무쪼록 몇 사람이라도 구원하고자 함이니"(고전 9:20, 22). 어떤 민족에게든 복음을 전하려면 가능한 한 그 민족의 문화적 생활 방식을 취해야 한다.

무슬림의 종교적 배경 알기

복음을 전할 무슬림이 어느 부류의 사람인지 파악하기만 해도 그 결과는 크게 달라진다. 상대 무슬림이 꾸란을 잘 알고 자주 보는 사람이라면, 우리도 같은 방법을 써야 한다. 성경을 읽도록 유도하는 것이다.

상대가 시아파 무슬림일 경우 속죄와 고난의 개념을 이해하므로, 이들에게 그리스도의 십자가 고난을 전한다.

민속 이슬람을 믿는 사람들에게는 치유와 축사로 사랑과 능력을 보여 주는 편이 효과적이다.

세속적인 무슬림을 대할 경우, 인간의 영적 필요를 채우기에는 세속적 세계관에 문제가 많다는 점을 먼저 짚어야 한다. 그리고 천국 복음이 인간의 궁극적 필요를 채운다는 점을 보여 주어야 한다.

수피 무슬림들은 하나님과의 교감을 갈망한다. 이들은 종교적인 시와 음악을 좋아하고, 사랑을 강조한다. 또 가슴에서 나오는 모국어로 예배하는 사람들이다. 우리는 이 모든 필요를 예수 그리스도 안에서 제공할 수 있다. 시와 음악과 모국어를 통해 직접 나아갈 수 있는 분이 바로 예수이기 때문이다.

'실제적 필요'(Felt Needs)에 반응하기

앞에서 언급한 방법을 사용하면 무슬림 전도 대상자의 '실제적 필요'에 가장 적절하게 반응할 수 있다. 세계 모든 사람과 마찬가지로 무슬림에게도 개인적인 필요가 있다. 이들에게는 친구와 공감과 도움과 조언과 치유와 안위가 필요하며, 삶을 살아갈 때 먹고살 것들도 필요하다. 이 필요를 잘 알고 무슬림에게 다가갈 때 상황은 완전히 달라질 수 있다.

기독교 교리에 대한 무슬림의 공격과 무함마드와 꾸란에 대한 주장에 대처하기

무슬림 사회 일부 계층에서는 기독교 신앙에 대항한다. 또 무함마드를 최후의 선지자로 높이며, 꾸란을 인류에게 주신 마지막 말씀이라고 소리 높여 주장한다. 다음 글은 무슬림이 기독교에 대해 반박하는 내용과 무함마드와 꾸란에 대해 주장하는 내용이다.

가. 무슬림은 기독교 신앙과 성경을 반박한다.

1. 성경은 변질되었다.
2. 하나님은 삼위일체로 존재할 수 없다.
3. 하나님에게 아들이란 있을 수 없다.
4. 하나님은 인간이 될 수 없다.
5. 예수에게 신성이 있을 수 없다.
6. 예수는 십자가에서 죽지 않았다.
7. 다른 이를 위해 죽어 줄 수 있는 사람은 없다.

나. 무함마드를 선지자라고 주장한다.

1. 무함마드는 모세나 예수와 동등한 위치에 있다.
2. 무함마드는 마지막 선지자다.
3. 무함마드는 자신의 말에 순종하라고 했다.
4. 무함마드는 예수가 자신이 등장할 것을 예언했다고 했다.
5. 무슬림은 무함마드가 구약에 나오는 예언을 성취했다고 주장한다.

6. 무슬림은 그 사실을 입증하고자 바나바 복음이라는 거짓 복음서를 인용한다.
7. 무슬림의 생활 방식은 온 인류의 표준이다.

다. 꾸란에 대함 무함마드의 주장

1. 하나님이 창세 전에 준비하신 말씀이다.
2. 꾸란은 이전의 모든 성경을 확증한다.
3. 꾸란은 이전의 모든 성경과 동등한 가치가 있다.
4. 꾸란은 이전의 모든 성경을 대체한다.

이러한 논리를 펼치는 일이 비일비재하므로, 기독교 사역자들은 이러한 주장에 대처할 대답을 준비해 두어야 한다.

이러한 반박을 어떻게 다루어야 할까? 다시 말하지만, 문제를 다룰 때 가장 중요한 것은 우리의 대응하는 태도다.

적절한 성경구절을 암기해 두고, 이를 통해 우리의 태도를 다져야 할 것이다. 다음 구절을 기억하기 바란다.

> 너희 마음에 그리스도를 주로 삼아 거룩하게 하고 너희 속에 있는 소망에 관한 이유를 묻는 자에게는 대답할 것을 항상 준비하되 온유와 두려움으로 하고 선한 양심을 가지라 이는 그리스도 안에 있는 너희의 선행을 욕하는 자들로 그 비방하는 일에 부끄러움을 당하게 하려 함이라(벧전 3:15-16).

> 주의 종은 마땅히 다투지 아니하고 모든 사람에 대하여 온유하며 가르치기를 잘하며 참으며 거역하는 자를 온유함으로 훈계할지니 혹 하나님이 그들에게

> 회개함을 주사 진리를 알게 하실까 하며 그들로 깨어 마귀의 올무에서 벗어나 하나님께 사로잡힌 바 되어 그 뜻을 따르게 하실까 함이라(딤후 2:24-26).

위 성경말씀에 나온 조언을 잘 기억하자.

언제나 질문에 대답할 준비를 갖추자.

상대에게 부드럽고 공손한 태도를 보이자.

모든 부정적 태도에 대항할 수 있도록 청결한 양심을 지니자.

모든 사람에게 친절하게 대하자.

잘 가르칠 수 있도록 적절한 준비를 하자.

적개심이나 싸우려는 태도를 피하자.

하나님은 무슬림들을 회개하게 하여 진리에 이르게 하실 수 있는 분이다.

이 점을 신뢰하자.

영적 전쟁의 영적 범주

성경과 기독교 신앙에 배척하려는 태도의 배후에는 원수인 마귀가 있다. "우리의 싸우는 무기는 육신에 속한 것이 아니요 오직 어떤 견고한 진도

무너뜨리는 하나님의 능력이라"(고후 10:4). 무슬림은 우리의 진정한 적이 아니다. 이슬람에 능력을 부여하는 통치자들, 권세들, 어둠의 세상 주관자들, 하늘에 있는 악의 영들이 우리의 적이다(엡 6:12). 즉, 우리의 전쟁은 하나님께 반역하고 땅으로 떨어진 사탄과 벌이는 싸움이다. 우리의 목표는 악한 세력들이 거짓으로 얽매고 있는 무슬림들을 구해 내는 것이다.

위대한 전쟁에서 우리의 영적 무기는

1. 우리 안에 계신 하나님이다. 그분은 가장 위대하신 분이다(요일 4:4).
2. 마귀의 권세에서 인간을 구하시고 치유하시는 성령의 능력이다(마 10:1; 눅 9:1).
3. 기도 응답에 대한 확신이다(요 16:24; 엡 6:18).
4. 하나님의 능력인 복음, 그 자체다(롬 1:16).
5. '성령의 검'과 같은 하나님의 말씀이다(엡 6:17).
6. 영적인 경험, 믿음, 은사로 무장해야 한다(엡 6:13-17).
7. 섬기는 영으로 하나님이 보내 주신 천사들이다(히 1:14).

결론

들판은 희어져 무슬림 세계의 영혼들을 추수할 때가 되었다. 준비된 일꾼이 추수 현장에 뛰어들어야 한다. 우리가 추수하게 되리라는 약속의 말씀이 성경에 많이 있다. 그러나 기도와 준비, 목표 설정과 계획 수립이 없이 이 일은 절대 이루어지지 않을 것이다.

무슬림 세계의 인구통계

다음에 나오는 표는 두 가지 자료에 근거하여 제작되었다. 최근 발간된 존스톤과 맨드리크 공저의 《세계기도정보》(죠이선교회출판부 역간)에 실린 국가별 무슬림 백분율을 인용했으며, 미국 워싱턴의 인구통계국(Population Reference Bureau)에서 발간한 인구 통계 책자(2001년)에서도 인용하였다. 천 단위 숫자는 삭제했으며 무슬림 인구가 만 명을 넘지 않는 국가는 수록하지 않았다. 무슬림 세계의 전체 인구는 전세계 인구의 21%가 넘고, 13억 이상이다.

전세계 무슬림 국가

아래 나오는 표는 무슬림 인구가 반 이상인 53개 국가의 인구통계다. 이들 국가의 인구 총합은 10억 정도인데, 이는 전세계 무슬림의 78%에 달하는 숫자다. 아래 나오는 국가는 전체 인구 수가 아니라 무슬림 인구 수에 따라 차례로 배열했다.

국가명	무슬림 비율	무슬림 인구	국가명	무슬림 비율	무슬림 인구
인도네시아	80.3	177,062,000	아제르바이잔	83.7	6,861,000
파키스탄	96.1	143,255,000	기니	85.4	6,687,000
방글라데시	85.6	125,619,000	부르키나파소	50.0	6,600,000
터키	99.6	70,944,000	타지키스탄	89.5	5,907,000
이란	99.0	65,947,000	리비아	96.5	5,308,000
이집트	86.5	62,381,000	요르단	96.2	5,290,000
나이지리아*	41.0	54,899,000	투르크메니스탄	91.8	5,235,000
알제리	96.7	30,648,000	차드*	55.0	5,115,000
모로코	99.9	30,354,000	시에라리온*	70.0	3,990,000
아프가니스탄	97.9	28,094,000	키르기스스탄	78.1	3,905,000
이라크	96.9	23,438,000	팔레스타인	86.6	3,116,000
수단	65.0	24,765,000	모리타니아	99.8	2,895,000
사우디아라비아	92.8	22,372,000	아랍에미레이트	65.5	2,553,000
우즈베키스탄	83.5	21,460,000	레바논	59.7	2,510,000
예멘	99.9	19,388,000	오만	92.7	2,409,000
시리아	90.3	15,806,000	보스니아 헤르체고비나*	60.1	2,342,000
말레이시아	58.0	14,558,000	에리트레아	47.9	2,111,000
니제르	97.6	11,808,000	쿠웨이트	87.4	2,098,000
말리	87.0	10,092,000	베냉	20.0	1,402,000
튀니지	99.7	9,866,000	감비아	88.8	1,332,000
세네갈	92.1	9,759,000	알바니아*	38.8	1,202,000
카자흐스탄*	60.5	8,954,000	지부티	93.9	657,000
소말리아	99.9	7,996,000	코모로	98.1	588,000

바레인	82.3	576,000	몰디브	99.4	298,000
기니비사우	43.0	559,000	브루나이	64.4	258,000
카타르	79.4	477,000	마요트	96.5	193,000
서사하라	100.0	300,000			

* 표시된 국가는 무슬림이 다수를 차지하거나 무슬림 정부가 관할하는 나라다.

무슬림 인구가 만 명이 넘는 국가의 인구 수치

아시아

국가명	무슬림 비율	무슬림 인구	국가명	무슬림 비율	무슬림 인구
인도네시아	80.3	177,062,000	네팔	5.0	1,260,000
파키스탄	96.1	143,255,000	스리랑카	8.0	1,544,000
인도	12.5	133,575,000	그루지야	20.0	940,000
방글라데시	85.6	125,619,000	싱가포르	14.9	626,000
아프가니스탄	97.9	28,094,000	베트남	0.7	566,000
중국	2.0	25,774,000	캄보디아	3.9	491,000
우즈베키스탄	83.5	21,460,000	몰디브	99.4	298,000
러시아	10.2	14,841,000	브루나이	64.4	258,000
말레이시아	58.0	14,558,000	일본	0.1	153,000
카자흐스탄	60.5	8,954,000	홍콩	1.5	102,000
아제르바이잔	83.7	6,861,000	몽골	4.0	100,000
타지크스탄	89.5	5,907,000	타이완	0.4	79,000
투르크메니스탄	91.8	5,235,000	라오스	1.1	62,000
필리핀	5.0	4,080,000	아르메니아	1.2	38,000
키르기스스탄	78.1	3,905,000	부탄	4.0	36,000
타이	5.2	3,306,000	한국	0.1	34,000
미얀마(버마)	3.8	1,881,000	티모르 로로새	2.1	17,000

아시아 지역 총합 ······ 730,971,000

오세아니아

국가명	무슬림 비율	무슬림 인구	국가명	무슬림 비율	무슬림 인구
호주	1.3	265,000	뉴질랜드	0.5	18,000
피지	7.0	63,000	**오세아니아 지역 총합**		**346,000**

중동(북아프리카 제외한 아랍계)

국가명	무슬림 비율	무슬림 인구	국가명	무슬림 비율	무슬림 인구
이라크	96.9	23,438,000	레바논	59.8	2,510,000
사우디아라비아	92.3	22,372,000	오만	92.7	2,409,000
예멘	99.9	19,388,000	쿠웨이트	87.4	2,098,000
시리아	90.3	15,806,000	이스라엘	14.6	978,000
요르단	96.2	5,290,000	바레인	82.3	576,000
팔레스타인	86.6	3,116,000	카타르	79.4	477,000
아랍에미레이트	65.5	2,553,000	**중동 지역 총합**		**101,011,000**

북아프리카

국가명	무슬림 비율	무슬림 인구	국가명	무슬림 비율	무슬림 인구
이집트	86.5	62,381,000	튀니지	99.7	9,866,000
알제리	96.7	30,648,000	리비아	96.5	5,308,000
모로코	99.9	30,354,000	**북아프리카 지역 총합**		**163,322,000**
수단	65.0	24,765,000			

아랍 세계 전체(중동과 북아프리카) 총합 ········ **264,333,000**

비 아랍계 중동 국가

국가명	무슬림 비율	무슬림 인구	국가명	무슬림 비율	무슬림 인구
터키	99.6	70,915,000	사이프러스	23.0	207,000
이란	99.0	65,934,000	**비 아랍계 중동 지역 총합**		**137,056,000**

전(全) 중동과 북아프리카 총합 ······ 401,389,000

아프리카 사하라 이남

국가명	무슬림 비율	무슬림 인구	국가명	무슬림 비율	무슬림 인구
나이지리아	41.0	54,899,000	우간다	6.0	1,518,000
에티오피아	31.0	21,917,000	감비아	88.8	1,332,000
니제르	97.6	11,810,000	토고	24.0	1,296,000
탄자니아	31.8	11,257,000	베냉	20.0	1,190,000
말리	87.0	10,092,000	마다가스카르	7.0	1,190,000
세네갈	92.1	9,763,000	르완다	10.5	872,000
소말리아	99.9	7,992,000	콩고 공화국	1.1	736,000
기니	85.4	7,686,000	남아프리카	1.5	660,000
부르키나파소	50.0	6,600,000	지부티	93.9	657,000
코트디부아르	38.6	6,562,000	코모로	98.1	589,000
차드	55.0	5,115,000	중앙아프리카 공화국	15.6	577,000
가나	21.0	4,305,000	기니비사우	43.0	559,000
시에라리온	70.0	3,990,000	라이베리아	13.0	429,000
카메룬	25.0	3,925,000	서사하라	100.0	300,000
모잠비크	18.1	3,168,000	모리셔스	16.3	196,000
모리타니	99.8	2,894,000	부룬디	3.0	183,000
케냐	8.0	2,528,000	잠비아	1.4	153,000
에리트레아	48.0	2,112,000	짐바브웨	1.0	126,000
말라위	13.0	1,521,000	가봉	6.5	85,000

콩고	1.3	48,000	스와질란드	1.0	12,000
레위니옹(프랑스령)	2.2	18,000	**아프리카 서하라 이남 지역 총합**		**190,876,000**
카보베르데	2.8	14,000			

아프리카 전체 총합 ······ 354,198,000

유럽(동유럽과 남유럽)

국가명	무슬림 비율	무슬림 인구	국가명	무슬림 비율	무슬림 인구
보스니아 헤르체고비나	60.1	2,344,000	루마니아	1.0	216,000
유고슬라비아	16.2	1,733,000	그리스	1.5	165,000
이탈리아	2.4	1,373,000	크로아티아	3.0	129,000
알바니아	38.8	1,203,000	슬로베니아	1.6	32,000
불가리아	11.9	893,000	체코 공화국	0.2	20,000
마케도니아	25.0	525,000	헝가리	0.1	10,000
스페인	1.2	496,000	벨로루시	0.1	10,000
우크라이나	0.5	239,000	에스토니아	0.7	10,000
			동유럽 및 남유럽 지역 총합		**9,398,000**

서유럽

국가명	무슬림 비율	무슬림 인구	국가명	무슬림 비율	무슬림 인구
프랑스	10.0	5,980,000	오스트리아	2.2	180,000
독일	3.7	3,056,000	덴마크	3.0	162,000
영국	2.0	1,184,000	포르투갈	0.5	52,000
네덜란드	5.4	875,000	노르웨이	1.0	46,000
벨기에	3.6	374,000	핀란드	0.2	10,000
스웨덴	3.1	279,000			
스위스	3.1	226,000	**서유럽 지역 총합**		**12,424,000**

유럽 전체 총합 ······ 21,820,000

북미

국가명	무슬림 비율	무슬림 인구	국가명	무슬림 비율	무슬림 인구
미국	1.5	4,373,000	**북미 지역 총합**		**4,879,000**
캐나다	1.6	506,000			

남미

국가명	무슬림 비율	무슬림 인구	국가명	무슬림 비율	무슬림 인구
아르헨티나	1.4	517,000	트리니다드토바고	5.7	74,000
멕시코	0.3	315,000	가이아나	8.7	70,000
브라질	0.1	177,000	콜롬비아	0.1	44,000
파나마	3.5	105,000	온두라스	0.2	14,000
베네수엘라	0.4	103,000	**남미 지역 총합**		**1,497,000**
수리남	19.4	78,000			

서반구 전체 총합 ······ 6,376,000

세계 총합 ······ 21% ······ 1,351,776,000

※위의 통계자료는 2004년 기준입니다.

저자 **돈 맥커리** DON MCCURRY

미니스트리 투 무슬림(Ministries to Muslims) 사역 대표

돈 맥커리 박사는 기독교계에서 무슬림 전도의 권위자이며, 각국을 다니며 그리스도인 지도자와 선교사를 가르치는 노련한 사역자다. 그동안 약 50개 선교 단체와 교회를 위해 65개국을 다니며 사역했고, 40개 대학과 성경학교와 국제 세미나에서도 강연하였다. 또 미국 100개 도시 이상의 지역 교회에서 무슬림 전도에 관한 주말 세미나를 인도하고 있다.

돈 맥커리 박사는 파키스탄에서 18년 동안 선교사로 섬기고 나서 1979년에는 미국 캘리포니아 주 패서디나에 '즈웨머 무슬림 연구소'(Zwemer Institute of Muslim Studies)를 세웠다. 그리고 '미니스트리 투 무슬림' 사역은 1988년에 시작했다.

돈 맥커리 박사의 저서

《아브라함의 깨진 가정 치유》(*Healing the Broken Family of Abraham*)

무슬림 문화, 정체성, 신앙을 소개하는 무슬림 입문서. 기독교와 8개 이슬람 주요 종파의 차이점을 비교하고 있다. 서구 외 다른 국가에 거주하는 무슬림들에게 복음을 전하려는 사람들을 위한 필독서.

《무슬림 이웃 전도》(*Reaching Your Muslim Neighbors*)

세미나용 책자. 무슬림에게 복음을 전할 때 필요한 기본 사항 수록.

《복음과 이슬람》(*The Gospel and Islam*)

무슬림 전도의 새로운 접근법에 관한 40개 사설 요약본.

《이란인에게 복음 전하기》(*Sharing the Gospel with Iranians*)

이란인 무슬림에게 조심스럽게 접근하는 방법을 제시하는 안내서.

ne Caleb project

)08 30 Days International

강연 및 자료 요청서

Yes, I want to learn more about reaching Muslims for Christ!!

Name 이름 ______________________

Address 주소 ______________________

Phone 전화번호 ______________________

I would like to arrange for Dr. Don McCurry to 돈 맥커리 박사의 강연 신청 선택

- ☐ Lead a weekend seminar at our church 교회 주말 세미나 인도
- ☐ Lecture at our institution 학교 강의
- ☐ Participate in our Missions conference 선교 학회에 강사로 초빙
- ☐ Counsel and train our team going to the field 현장으로 나가는 전도팀 훈련 및 상담

I would like to purchase the following materials 요청 자료 선택

Reaching Your Muslim Neighbors lecture tapes 무슬림 이웃 전도 강의 테이프

- ☐ 12 audio cassettes $60 12개 오디오 테이프 세트
- ☐ 12 VHS video cassettes $120 12개 VHS 비디오 테이프 세트

- ☐ Please send me ______ copies of Now You Can Know What Muslims Believe $2.00 each
  《무슬림은 무엇을 믿는가?》
- ☐ Please send me ______ copies of Facing the Muslim Challenge by John Gilchrist $12.00 each
  존 질크리스트의 《무슬림의 도전에 대면하기》
- ☐ Please send me ______ copies of Healing the Broken Family of Abraham: New Life for Muslims $15.00 each 《아브라함의 깨진 가정 치유》

신청서 보낼 곳 주소

Ministries to Muslims

4164 Austin Bluffs Parkway #357
Colorado Springs, CO 80918
TEL: 719-597-0609 / FAX: 719-597-0712
E-MAIL: katebryant@cs.com

* 강연 및 자료 요청은 Ministries to Muslims으로 직접 문의하셔야 합니다.
요청서는 영어로 작성해 주십시오.